MW01708763

TAJINES

épices et saveurs

Annie PERRIER-ROBERT

Dormonval
CH – LUCERNE

✗	préparation très simple
✗✗	préparation facile
✗✗✗	préparation élaborée
○○●	peu coûteuse
○●●	raisonnable
●●●	chère

Photographies : SAEP/Jean-Luc SYREN et Valérie WALTER sous la direction artistique de Jean-Luc SYREN.
Coordination : SAEP/Éric ZIPPER.
Composition et photogravure : SAEP/Arts Graphiques.
Impression : Union Européenne.

Conception : SAEP CRÉATION
68040 INGERSHEIM - COLMAR

Spécifique de la cuisine marocaine, le tajine est, en fait, un ragoût cuit à l'étouffée, sur feu doux ; plus sa cuisson est longue, meilleur il est. Toutefois, on trouve dans la cuisine algérienne des préparations de viande ou de légumes en sauce qui s'apparentent à la formule du tajine marocain et qui, d'ailleurs, portent le nom de tadjin. *D'où la présence de quelques recettes algériennes dans cet ouvrage.*

En fait, le tajine doit son nom au plat dans lequel il est cuit de façon traditionnelle. Ce plat, rond, peu profond et coiffé d'un haut couvercle conique, est généralement en terre cuite vernissée (pour la cuisson), mais il peut aussi être fait de métal ciselé (pour le service).

Quoi qu'il en soit, il est impossible de poser un tajine directement sur la plaque d'une cuisinière électrique ou à même la flamme d'une cuisinière à gaz. Aussi est-il préférable d'utiliser une cocotte en fonte, comme nous l'indiquons dans les recettes. En revanche, le plat de service peut être un tajine, préalablement passé à l'eau bouillante pour qu'il soit bien chaud. Ainsi l'authenticité sera-t-elle quelque peu préservée...

LES INGRÉDIENTS DU TAJINE

• Les **viandes** employées pour la réalisation des tajines sont surtout :

— le mouton ou l'agneau (généralement l'épaule, mais aussi, parfois, le carré de côtelettes). Pour un plat plus riche, associez épaule et côtelettes (à raison de deux par personne). Et rien n'interdit d'utiliser le gigot, morceau de qualité supérieure. Il faut seulement savoir que la viande de mouton est d'un goût plus fort et que la viande d'agneau est plus fondante ;

— le veau (de péférence le jarret ; éventuellement, l'épaule ou la sous-noix) ;

— les volailles (poulet, pigeon principalement).

Quelle que soit la viande, celle-ci est coupée en cubes. Ainsi, 1 kg de viande donne huit à dix morceaux. Quant au poulet, il est coupé en huit. Une exception à ce choix de viandes : les tajines qui mettent en œuvre des boulettes de *kéfta* (viande hachée) ; c'est de la viande de bœuf (flanchet, par exemple) qui intervient.

• Les **légumes** mis en jeu sont ceux que l'on retrouve dans les différentes cuisines du bassin méditerranéen : courgettes, aubergines, cardons, carottes, navets, etc., tous légumes qu'il vaut mieux consommer au summum de leur

saveur, soit en pleine période de production. Néanmoins, les étals en proposent toute l'année.

Les fonds d'artichaut interviennent fréquemment. Or, pour que le tajine soit riche en goût, ils doivent être frais. Cela suppose donc de disposer d'artichauts entiers, d'en retirer la queue, puis les feuilles et, enfin, de débarrasser les fonds du foin. Pour éviter qu'ils ne noircissent, arrosez-les de jus de citron ou plongez-les dans de l'eau vinaigrée. Attention, queue et feuilles peuvent être réservées à un autre apprêt.

• Les **pruneaux** sont récurrents dans ce type de préparation. Choisissez-les gros et dénoyautés. Il n'est pas indispensable de les faire tremper préalablement puisque leur séjour dans le liquide de cuisson bouillant suffit à les faire gonfler.

Lorsque des pruneaux entrent en jeu, certains ajoutent de l'eau de fleur d'oranger et 3 ou 4 morceaux de sucre.

• L'**huile d'olive** est à préférer à toute autre. Choisissez une huile d'olive vierge « extra », au goût parfaitement irréprochable.

Certains tajines font intervenir le *smen*, beurre salé de goût aigrelet ; à défaut de ce produit, substituez-lui du beurre ordinaire ou de l'huile d'olive.

• Commes d'autres grandes spécialités du Maghreb, le tajine a recours aux **aromates**, et sans eux, sa saveur serait nettement affadie. Ce sont, principalement :

— la *cannelle*. Si la saveur sucrée et délicate de l'écorce du cannelier de Ceylan est recherchée pour les gâteaux et autres friandises, l'écorce parfumée du cannelier de Chine (ou cassier), bien que moins fine que la précédente, convient mieux, selon certains, aux apprêts à base de viande et, donc, aux tajines. La cannelle s'utilise en copeaux ou en poudre. Mais, attention, lorsqu'elle est en poudre, son arôme s'émousse très vite ! il est donc préférable de ne l'acheter qu'en petite quantité ;

— la *cardamome*. En Europe, elle nous vient le plus souvent du sud de l'Inde. Ses graines, séchées, sont faciles à écraser. Mais on la trouve aussi en poudre dans le commerce. De saveur très poivrée et riche, elle doit être utilisée en quantité modérée ;

— la *coriandre*. Ses feuilles fraîches ont une saveur incomparable, très appréciée dans les plats épicés, car elles apportent une certaine fraîcheur et exaltent le piquant des épices qui leur sont associées. Malheureusement, on ne peut les faire sécher. À défaut de coriandre fraîche, il faut donc avoir recours à la coriandre en conserve, dont la recette est réalisable chez soi (p. 10), ou aux graines entières, très aromatiques (toutefois, de façon moindre que les feuilles), telles qu'on les trouve, en petits pots, dans les épiceries. Ces dernières sont faciles à écraser ;

— le *cumin*. Très aromatique, de saveur chaude et intense, il est largement employé dans la cuisine marocaine. Les recettes ont recours à du cumin en poudre, mais on peut aussi utiliser des graines entières, qu'il est, par ailleurs, malaisé de piler. Le cumin en poudre perd rapidement son parfum ; en conséquence, n'en achetez qu'en faible quantité ;

— le *curcuma*. Aussi appelé « safran des Indes », il se présente comme une poudre jaune (le rhizome est séché et pulvérisé), à l'odeur piquante et à la saveur douce. S'il garde assez longtemps son pouvoir colorant, il perd vite sa saveur ; il convient donc de ne l'acheter qu'en petite quantité ;

— le *gingembre*. Sa saveur à la fois piquante et complexe est omniprésente dans les préparations épicées. Les recettes fournies ici mentionnent le gingembre en poudre.

Mais ce rhizome se trouve aussi frais (il est alors d'un goût optimal et se râpe), en conserve ou confit ;

— la *muscade*. Séchées et vendues entières en petits pots, les lourdes graines du fruit du muscadier doivent être râpées au fur et à mesure des besoins. La noix de muscade s'accorde bien d'être mélangée à d'autres épices, ce qui est le cas pour les tajines ;

— le *paprika doux*. Cette variété de piment doux, de saveur piquante, parfume heureusement les ragoûts, notamment lorsque ceux-ci comprennent de l'oignon. Il est commercialisé en petits pots, mais il faut être vigilant car il s'évente facilement ;

— le *piment de Cayenne*. En Europe, on utilise plutôt les fruits séchés et pulvérisés. Dans les tajines, ce piment en poudre peut être remplacé par le harissa, condiment indissociable du couscous et que l'on trouve dans le commerce, en boîte ou en tube. Mais, attention, ce dernier est plus difficile à doser, et il est conseillé de le diluer dans un peu d'eau tiède !

— le *quatre-épices*. Ainsi surnomme-t-on le poivre de la Jamaïque. Pour bénéficier au mieux de son arôme, mieux vaut piler soi-même les baies, entières et séchées, que de les acheter déjà réduites en poudre. Sa saveur évoque un mélange de cannelle, de girofle, de muscade et de poivre — d'où son nom. Ce qui n'interdit pas, pour autant, d'associer le quatre-épices à d'autres épices ;

— le *safran*. Il apporte couleur et parfum aux tajines. Il en faut très peu pour aromatiser une préparation. C'est également une épice qu'il faut stocker à l'abri de la lumière et ne pas conserver trop longtemps. La poudre convient, ici, mieux que les stigmates entiers séchés.

• Les **citrons confits** constituent également un des ingrédients privilégiés de cette préparation. Ils lui confèrent une légère amertume, avec une pointe de piquant.

S'il est aisé de se procurer cette conserve dans les épiceries spécialisées, il est facile de la réaliser soi-même (p. 10-11).

Plutôt qu'ajouter les citrons en quartiers à une préparation, certains en retirent la pulpe avec une petite cuillère pour n'en conserver que l'écorce, qu'ils coupent en morceaux.

LA CUISSON DU TAJINE

• Suivant les recettes, la viande est soit mise à dorer dans l'huile avant d'être couverte d'eau, soit déposée dans la cocotte et aussitôt recouverte à la fois d'huile et d'eau — dans ce cas, la viande n'est pas revenue. Chacun peut opter pour la formule qui lui convient le mieux.

• Ajoutez de l'eau en cours de cuisson, si nécessaire.

• La sauce doit être courte, voire sirupeuse. Il est donc important de surveiller son évolution au cours de la cuisson. Ne craignez pas de l'allonger au besoin, en lui ajoutant un peu d'eau chaude, ni, au contraire, de la faire réduire, à découvert, sur feu vif, avant de procéder au service.

Pour la rendre plus onctueuse, on peut lui incorporer, hors du feu, 1 cuillerée à soupe de farine délayée dans 1 cuillerée à soupe d'eau froide et poursuivre la cuisson, sur feu très doux, pendant 5 minutes, en ayant soin de remuer.

• L'ajout d'un jus de citron au moment du service donne une saveur légèrement acidulée à la préparation.

QUE SERVIR AVEC LE TAJINE ?

• Faites précéder le tajine d'une salade ne comprennent qu'un seul légume : tomates, betteraves, cœurs de palmier, carottes râpées, pois chiches, concombre, fonds d'artichaut, etc. L'huile d'olive est généralement utilisée, et le jus de citron remplace souvent le vinaigre. Pensez à la noix de muscade pour parfumer les carottes, à la coriandre pour aromatiser le concombre, au persil et à l'ail pour accompagner les pois chiches...

• Après le tajine, une salade verte sera la bienvenue. Conférez-lui une note orientale en la parsemant de graines de sésame grillées.

• En guise de dessert, optez pour un assortiment de pâtisseries au miel et d'autres délicieux gâteaux (cornes de gazelle, par exemple) où amandes, cannelle et eau de fleur d'oranger s'allient subtilement, toutes friandises dans la confection desquelles excellent les Marocains. Pour une conclusion plus légère, préférez une fraîche salade d'oranges parfumée à la cannelle et à l'eau de fleur d'oranger ou une salade de fruits composée selon les produits de la saison, également parfumée à la cannelle et à l'eau de fleur d'oranger et agrémentée de feuilles de menthe ciselée. À moins qu'on ne choisisse de confectionner des bananes poêlées servies bien chaudes — elles sont dorées dans un beurre additionné de miel, sucrées et parfumées (cannelle et eau de fleur d'oranger) — ou de se limiter à une simple coupe de fruits secs (dattes et figues).

• Quel que soit le type de tajine, choisissez un vin rosé corsé (tavel, par exemple). Pour les préparations à base de viande, il est possible de servir un rouge des côtes-du-rhône, voire un cru du Beaujolais. Quant aux vins du Maroc, les meilleurs rosés proviennent du nord-est du pays et la majeure partie des vins rouges, de la région de Meknès — ils sont corsés et offrent une belle couleur. Autres vins à signaler : le Dar-bel-Amri, vin rouge produit dans la région de Sidi-Slimane, et le gris de Boulaouane, vin rosé clair, sec et fruité, produit au sud de Casablanca.

• Bien évidemment, concluez le repas par un thé à la menthe (p. 14), boisson nationale par excellence.

Coriandre à l'huile

Branches de coriandre fraîches, parfaitement saines / Huile d'olive / Sel fin.

Prép. : 20 min

Rincer rapidement les branches de coriandre et les égoutter soigneusement. Les ciseler finement et les saupoudrer légèrement de sel.

Déposer la coriandre dans un bocal. Tasser. Couvrir d'huile. Fermer le bocal et l'entreposer au réfrigérateur. Ainsi préparée, la coriandre se conserve plus de 1 mois.

La même recette s'applique au persil plat.

Citrons confits en saumure

2 kg de gros citrons à peau fine, non traités et bien mûrs / 4 clous de girofle / Huile d'olive / 250 g de sel fin.

Prép. : 30 min – Macération : 21 jours

Laver les citrons, puis les faire tremper dans de l'eau froide pendant 3 jours, en ayant soin de changer l'eau quotidiennement.

Sans les peler, inciser les citrons verticalement, en croix, jusqu'à la base — arrêter l'incision aux trois quarts pour que les quartiers restent attachés à la base. Retirer les pépins et insérer du sel dans les entailles ainsi faites.

Répartir les citrons dans les bocaux, en les tassant légèrement. Mouiller à hauteur d'eau tiède additionnée du reste de sel. Ajouter les clous de girofle. Couvrir d'huile.

Bien boucher les bocaux. Laisser reposer en un lieu frais, à l'abri de la lumière et de l'humidité, pendant 21 jours.

Au moment de l'emploi, rincer soigneusement les citrons.

Les citrons ainsi confits se conservent jusqu'à plusieurs années.

Citrons confits au sel

2 kg de gros citrons à peau fine, non traités et bien mûrs / Gros sel.

Prép. : 30 min – Repos : 2 à 3 jours
Macération : 1 mois

Laver les citrons et, sans les peler, les inciser verticalement, en croix, jusqu'à la base — arrêter l'incision aux trois quarts pour que les quartiers restent attachés à la base. Retirer les pépins et insérer du gros sel dans les entailles ainsi faites.

Répartir les citrons dans les bocaux, en les tassant légèrement. Placer dessus un poids. Laisser reposer pendant 2 à 3 jours.

Au terme de ce temps, les citrons doivent avoir rendu leur jus. Compléter éventuellement par de l'eau bouillie, puis refroidie.

Bien boucher les bocaux. Laisser reposer en un lieu frais, à l'abri de la lumière et de l'humidité, pendant 1 mois au moins.

Au moment de l'emploi, rincer soigneusement les citrons.

Citrons confits à l'huile

1 kg de gros citrons à peau fine, non traités et bien mûrs / 4 cuil. à soupe de gros sel / 50 cl d'huile d'olive.

Prép. : 30 min – Dégorgement : 12 h
Macération : 20 jours

Laver les citrons et, sans les peler, les émincer en rondelles de 0,5 cm d'épaisseur. Les déposer dans une passoire, les saupoudrer de gros sel et les laisser dégorger pendant 12 heures.

Sécher les rondelles de citrons et les mettre, en couches superposées, dans un grand bocal. Couvrir d'huile. Boucher le bocal. Laisser reposer en un lieu frais, à l'abri de la lumière et de l'humidité, pendant 20 jours avant emploi.

Thé à la menthe

2 cuil. à café de thé vert / 6 branches de menthe (rincées, séchées et coupées en morceaux) / 14 cubes de sucre / Quelques pignons de pin non salés.

Prép. : 8 min Pour 8 verres

Porter 1 l d'eau à ébullition.

Chauffer la théière à l'eau chaude. Y mettre le thé.

Froisser légèrement la menthe avec les mains pour exalter son arôme, puis la mettre dans la théière. Ajouter le sucre. Verser dessus l'eau bouillante. Remuer avec une cuillère.

Laisser infuser pendant 3 minutes.

Servir chaud dans les petits verres à thé. Déposer quelques pignons dans chaque verre.

À défaut de menthe fraîche, on peut utiliser de la menthe sèche. Mais le résultat est loin d'être aussi aromatique et aussi réussi.

Il est courant d'ajouter au contenu de la théière, une fois que l'eau y a été versée, 1 cuillerée à soupe d'eau de fleur d'oranger ou d'eau de rose ou encore d'eau de fleur de jasmin.

Tajine de crevettes

24 à 30 très grosses crevettes (gambas) / 2 oignons / 2 gousses d'ail / 3 cuil. à soupe d'huile / 1 demi-boîte de concentré de tomates / 3 cuil. à soupe de coriandre ciselée / 1 cuil. à café de gingembre / Piment de Cayenne / Sel fin, poivre noir du moulin.

6 pers. Prép. : 40 min – Cuiss. : 35 à 40 min

Faire cuire les crevettes à l'eau salée pendant 10 minutes. Les décortiquer, une fois refroidies. Réserver leur eau de cuisson.

Peler les oignons et les émincer en lamelles. Peler les gousses d'ail et les ciseler finement.

Faire fondre les oignons dans l'huile, dans une cocotte, pendant quelques minutes, en veillant à ce qu'ils ne prennent pas couleur. Leur ajouter le concentré de tomates, préalablement délayé dans un peu d'eau. Bien mélanger. Ajouter l'ail et la coriandre, ainsi que le gingembre et deux pincées de piment de Cayenne. Saler légèrement et poivrer. Bien mélanger à nouveau. Mouiller avec 1 l d'eau de cuisson des gambas. Porter à ébullition, sur feu doux. Ajouter alors les crevettes. Laisser frémir, à découvert, pendant 20 à 25 minutes.

Dresser la préparation dans un plat creux, bien chaud. Servir aussitôt.

Tajine de boulettes de merlan

1,200 kg de filets de merlans / 2 oignons / 3 gousses d'ail / 150 g de beurre / 2 œufs / 4 cuil. à soupe de coriandre ciselée / 1/2 cuil. à café de gingembre / 250 g de chapelure / 80 g de farine / 15 cl d'huile d'olive / Le jus de 1 citron / 3 cuil. à soupe de persil plat ciselé / Sel fin, poivre blanc du moulin.

Prép. : 40 min – Cuiss. : 30 min — 6 pers.

Hacher les filets de poisson. Peler les oignons et les émincer finement. Peler les gousses d'ail et les hacher menu.

Mélanger au poisson le beurre ramolli, puis les œufs battus. Ajouter l'ail et la coriandre. Aromatiser avec le gingembre. Saler et poivrer. Travailler le tout en incorporant, peu à peu, la chapelure. Façonner des boulettes de la taille d'une grosse noix.

Passer les boulettes dans la farine.

Faire fondre les oignons dans l'huile, dans une cocotte, pendant quelques minutes, en veillant à ce qu'ils ne prennent pas couleur. Ajouter les boulettes. Faire cuire, à couvert, sur feu doux, pendant 25 minutes.

Dresser la préparation sur un plat bien chaud. Arroser avec le jus de citron. Parsemer de persil. Servir aussitôt.

Tajine de daurade au fenouil

1,800 kg de daurades (vidées et parées) / 1 kg de fenouil / 3 gousses d'ail / 6 cuil. à soupe d'huile d'olive / 4 cuil. à soupe de coriandre ciselée / 1/2 cuil. à café de gingembre en poudre / Piment de Cayenne / Le jus de 1 citron / 3 cuil. à soupe de persil plat ciselé / Sel fin, poivre blanc du moulin.

6 pers. Prép. : 30 min – Cuiss. : 30 min

Laver le poisson, le sécher avec du papier absorbant et le couper en 6 à 8 morceaux. Éplucher le fenouil et le ciseler finement. Peler les gousses d'ail et les hacher menu.

Verser l'huile dans une cocotte. Garnir celle-ci avec le fenouil et l'ail. Placer sur ce lit de fenouil les morceaux de poisson. Ajouter la coriandre et le gingembre. Relever avec deux pincées de piment de Cayenne. Saler et poivrer. Faire cuire, à couvert, sur feu doux, pendant 30 minutes. Ne pas hésiter à mouiller la préparation, en cours de cuisson, d'un peu d'eau chaude, pour éviter qu'elle n'attache.

Dresser le tajine dans un plat creux, bien chaud. Arroser de jus de citron. Saupoudrer de persil. Servir aussitôt.

La daurade peut être remplacée par du mulet ou, mieux, du loup.

Tajine de sardines

1,200 kg de sardines / 3 gousses d'ail / 6 cuil. à soupe d'huile d'olive / 1 demi-boîte de concentré de tomates / 1/2 cuil. à café de cumin en poudre / 2 brins de thym émiettés / 3 cuil. à soupe de coriandre ciselée / Piment de Cayenne / Le jus de 1 citron / Sel fin, poivre noir du moulin.
Pour la marinade (facultatif) : *15 cl d'huile d'olive / 1 gousse d'ail pelée et écrasée / 3 cuil. à soupe de coriandre ciselée / 1 cuil. à café de cumin en poudre / 1 dosette de safran / 1/2 piment au vinaigre, épépiné et ciselé / Poivre noir du moulin.*

Prép. : 30 min – Cuiss. : 25 min — 6 pers.
Macération : 1 h

Nettoyer et laver les sardines, puis les sécher avec du papier absorbant. Les faire macérer (facultatif) pendant 1 heure dans une marinade composée d'huile d'olive, d'ail, de coriandre, de cumin, de safran, de piment et de poivre.

Peler les gousses d'ail et les hacher menu.

Déposer les sardines bien égouttées dans l'huile chaude dans une cocotte, sur feu doux. Ajouter l'ail et le concentré de tomates, préalablement délayé avec 3 cuillerées à soupe d'eau tiède. Aromatiser avec le cumin, le thym et la coriandre. Relever avec deux pincées de piment de Cayenne. Saler et poivrer. Faire cuire, à couvert, sur feu doux, pendant 20 minutes.

Dresser la préparation dans un plat creux, bien chaud. Arroser avec le jus de citron. Servir aussitôt.

Tajine de thon aux olives et à l'anis

Quelques branches de fenouil séchées / 1,500 kg de tranches de thon / 300 g d'olives vertes dénoyautées / 1 citron confit (p. 10-11) / 5 cuil. à soupe d'huile d'olive / 1/2 cuil. à café de gingembre en poudre / 1 cuil. à café de graines d'anis / 3 cuil. à soupe de persil plat ciselé / Sel fin, poivre blanc du moulin.

Prép. : 20 min – Cuiss. : 30 min 6 pers.

Tapisser le fond d'une cocotte avec les branches de fenouil. Déposer dessus les tranches de thon. Ajouter les olives et le citron confit coupé en quartiers. Arroser d'huile. Aromatiser avec le gingembre, l'anis et le persil. Saler et poivrer. Mouiller avec 30 cl d'eau. Faire cuire, à couvert, sur feu doux, pendant 30 minutes.

Dresser la préparation dans un plat creux bien chaud. Servir aussitôt.

Tajine de poisson aux pommes de terre

1,200 kg de pommes de terre / 3 oignons / 3 gousses d'ail / 5 cuil. à soupe d'huile d'olive / 1,500 kg de tranches de poisson blanc (mulet, par exemple) / 1 citron non traité / 4 cuil. à soupe de coriandre ciselée / 2 cuil. à café de paprika doux / Piment de Cayenne / 1/2 boîte de concentré de tomates / 3 cuil. à soupe de persil plat ciselé / Sel fin, poivre blanc du moulin.

6 pers. Prép. : 30 min – Cuiss. : 30 min

Éplucher les pommes de terre, les laver et les tailler en rondelles assez épaisses. Peler les oignons et les émincer en lamelles. Peler les gousses d'ail et les hacher menu.

Faire fondre les oignons dans l'huile dans une cocotte pendant quelques minutes, en veillant à ce qu'ils ne prennent pas couleur. Étaler dessus les pommes de terre. Poser dessus le poisson. Ajouter l'ail et le citron coupé en rondelles. Aromatiser avec la coriandre, le paprika et le piment de Cayenne. Saler et poivrer. Ajouter, enfin, le concentré de tomates délayé dans un peu d'eau tiède. Mouiller avec 40 cl d'eau. Faire cuire, à couvert, sur feu doux, pendant 30 minutes.

Vérifier l'assaisonnement. Dresser la préparation dans un plat creux, bien chaud. Saupoudrer de persil. Servir aussitôt.

Tajine de poissons

3 kg de poissons divers (daurade, merlan, mulet) vidés et parés / Morceaux de roseau / 1 dosette de safran / 1 cuil. à café de gingembre en poudre / 3 cuil. à soupe d'huile d'olive / 1 citron confit (p. 10-11) / 500 g d'olives vertes dénoyautées / Sel fin, poivre du moulin.
Pour la marinade : *4 gousses d'ail / 5 cuil. à soupe de coriandre ciselée / 2 cuil. à soupe de paprika doux / 2 cuil. à café de cumin en poudre / Piment de Cayenne / 20 cl d'huile d'olive.*

Prép. : 30 min – Cuiss. : 30 min
Macération : 6 h

8 pers.

Couper les poissons en morceaux s'ils sont gros. Les déposer dans une grande terrine, avec les gousses d'ail, pelées et hachées menu, la coriandre, le paprika, le cumin et trois pincées de piment de Cayenne. Arroser d'huile. Veiller à ce que les poissons soient bien enduits du mélange. Les laisser mariner pendant 6 heures, en les retournant régulièrement.

Déposer les morceaux de roseau au fond de la cocotte. Placer dessus les poissons égouttés, qui, ainsi, n'attacheront pas. Ajouter le safran et le gingembre. Saler et poivrer. Arroser d'huile et de la marinade. Ajouter le citron confit coupé en quartiers et les olives. Faire cuire, à couvert, au four à 140 °C (th. 3-4) pendant 30 minutes environ.

Vérifier l'assaisonnement. Dresser la préparation dans un plat creux bien chaud. Servir aussitôt.

Tajine de queues de lotte

6 queues de lotte de 300 g chacune / 6 cuil. à soupe d'huile d'olive / 1 petit piment rouge (conservé au vinaigre) / 1 cuil. à café de cumin en poudre / 3 clous de girofle / 2 oignons / 3 gousses d'ail / 1 citron / 1 kg de tomates / 1 dosette de safran / 200 g d'olives noires dénoyautées / 1 cuil. à soupe de persil plat ciselé / Sel fin, poivre blanc du moulin.

Prép. : 30 min – Cuiss. : 40 min — 6 pers.
Macération : 1 h 30 min

Couper les queues de lotte en tronçons.

Dans une terrine, mélanger 4 cuillerées à soupe d'huile d'olive, le piment (épépiné et ciselé), le cumin et les clous de girofle. Saler et poivrer. Faire macérer le poisson dans cette marinade, à couvert, pendant 1 heure 30 minutes.

Pendant ce temps, peler les oignons et les ciseler finement. Peler les gousses d'ail et les hacher. Émincer le citron en rondelles. Peler les tomates, les épépiner et les tailler en dés.

Dans une cocotte, faire fondre les oignons dans le reste d'huile, pendant 5 minutes, en veillant à ce qu'ils ne prennent pas couleur. Ajouter l'ail et les rondelles de citron. Mélanger, puis laisser revenir pendant 5 minutes.

Mettre les queues de lotte et leur marinade dans la cocotte. Ajouter les tomates. Parfumer avec le safran. Faire cuire, à couvert, sur feu doux, pendant 20 minutes.

Ajouter les olives au contenu de la cocotte. Poursuivre la cuisson pendant 10 minutes.

Dresser la préparation dans un plat creux, bien chaud. Saupoudrer de persil. Servir aussitôt.

Tajine de coquelets aux légumes

6 petites courgettes / 6 carottes moyennes / 6 navets moyens / 600 g de haricots verts / 3 tomates / 3 oignons / 3 beaux coquelets / 5 cuil. à soupe d'huile d'olive / 1 bouquet garni / 1 dosette de safran / 1/2 cuil. à café de gingembre en poudre / 1/2 cuil. à café de cumin en poudre / Piment de Cayenne / 2 cuil. à soupe de persil plat ciselé / Sel fin, poivre noir du moulin.

Prép. : 30 min – Cuiss. : 50 min 6 pers.

Retirer les extrémités des courgettes et les laver. Peler les carottes et les navets. Effiler les haricots verts. Laver les tomates et les tailler en quartiers. Peler les oignons et les émincer en lamelles.

Dans une cocotte, faire dorer les coquelets dans l'huile pendant quelques minutes. Ajouter les oignons et le bouquet garni, puis le safran, le gingembre, le cumin et deux pincées de piment de Cayenne. Saler et poivrer. Bien mélanger le tout. Mouiller avec 50 cl d'eau tiède. Faire cuire, à couvert, sur feu doux, pendant 15 minutes.

Ajouter au contenu de la cocotte les carottes et les haricots verts. Poursuivre la cuisson, toujours à couvert, sur feu doux, pendant 10 minutes.

Ajouter au contenu de la cocotte les courgettes et les navets. Poursuivre la cuisson, à couvert, sur feu doux, pendant 5 minutes.

Ajouter les tomates au contenu de la cocotte. Poursuivre la cuisson, à couvert, sur feu doux, pendant 15 minutes.

Ajouter un peu d'eau en cours de cuisson, si nécessaire.

Retirer le bouquet garni. Vérifier l'assaisonnement. Dresser les coquelets, préalablement coupés en deux, dans un plat creux, bien chaud. Les entourer de légumes. Napper de sauce. Parsemer de persil. Servir aussitôt.

L'usage voudrait qu'on utilisât des poussins, d'environ 300 g chacun. Mais il est plus facile de se procurer des coquelets.

Tajine de coquelets au riz épicé

4 carottes / 4 oignons / 50 g de beurre / 1 cuil. à soupe de graines de cardamome / 1 cuil. à café de gingembre en poudre / 1 cuil. à café de cannelle en poudre / 1 dosette de safran / 3 beaux coquelets / 50 cl de bouillon de volaille / 80 g de raisins de Corinthe / 150 g de riz à grain long / Le jus de 1 citron / Sel fin, poivre noir du moulin.

Prép. : 30 min – Cuiss. : 1 h 10 min 6 pers.

Peler les carottes et les tailler en dés. Peler les oignons et les ciseler finement.

Faire fondre les oignons dans la moitié du beurre, dans une cocotte, pendant quelques minutes. Ajouter les carottes, la cardamome, le gingembre, la cannelle et le safran. Bien mélanger le tout. Laisser revenir, sur feu doux, pendant 5 minutes, sans cesser de remuer.

Retirer la préparation épicée de la cocotte et la réserver.

Sans nettoyer la cocotte, y faire fondre le reste de beurre, puis y faire dorer les coquelets, de tous côtés, pendant 5 minutes environ.

Ajouter alors le mélange épicé aux coquelets. Mouiller avec le bouillon. Saler et poivrer. Faire cuire, à couvert, au four à 220 °C (th. 7-8) pendant 30 minutes.

Déposer les raisins de Corinthe et le riz dans la cocotte. Ajouter un peu de bouillon si nécessaire. Poursuivre la cuisson, à couvert, au four, pendant une vingtaine de minutes — le riz doit avoir absorbé tout le bouillon.

Dresser le riz épicé dans un plat creux bien chaud. Placer dessus les coquelets, préalablement coupés en deux. Arroser le tout avec le jus de citron. Servir aussitôt.

Tajine de lapin aux pruneaux

1 beau lapin de 1,500 à 2 kg coupé en morceaux / 4 oignons / 4 cuil. à soupe d'huile d'olive / 1 dosette de safran / 1/2 cuil. à café de gingembre en poudre / Noix de muscade râpée / 600 g de pruneaux de gros calibre dénoyautés / 1 cuil. à café de cannelle en poudre / 3 cuil. à soupe de miel d'acacia / Sel fin, poivre noir du moulin.
Pour la marinade : *1 bouquet garni / Le zeste de 1/2 citron / 6 clous de girofle / 30 cl d'huile d'olive / Le jus de 1 citron / Poivre noir en grains.*

Prép. : 30 min – Cuiss. : 55 min 6 pers.
Macération : 12 h

Déposer le lapin dans une terrine avec le bouquet garni, le zeste de citron, les clous de girofle et quelques grains de poivre. Arroser d'huile et de jus de citron. Laisser macérer à couvert, au frais, pendant 12 heures.

Peler les oignons et les émincer en lamelles.

Faire revenir la viande bien égouttée avec les oignons dans l'huile, dans une cocotte, pendant quelques minutes. Ajouter le safran, le gingembre et deux pincées de noix de muscade. Saler et poiver. Bien mélanger le tout. Mouiller avec 1,5 l d'eau tiède. Faire cuire à couvert sur feu doux pendant 30 minutes.

Ajouter les pruneaux au contenu de la cocotte. Saupoudrer de cannelle. Arroser de miel. Bien mélanger. Poursuivre la cuisson pendant 20 minutes.

Dresser les morceaux de lapin dans un plat creux bien chaud. L'entourer des pruneaux.

Faire réduire le liquide de cuisson si nécessaire ; vérifier l'assaisonnement. En napper la préparation. Servir aussitôt.

Tajine de lièvre aux amandes et aux raisins secs

4 oignons / 2 cuil. à soupe de Ras el Hanout / 2 dosettes de safran / 1 cuil. à café de cannelle / 1 beau lièvre de 1,500 à 2 kg (coupé en morceaux) / 300 g de raisins secs / 5 cl d'huile d'olive / 300 g d'amandes émondées / 6 cuil. à soupe de miel d'acacia / Sel fin / 2 cuil. à café de poivre noir du moulin.

Prép. : 30 min – Cuiss. : 1 h 10 min — 6 pers.

Peler les oignons et les ciseler le plus finement possible.

Mélanger le Ras el Hanout, le safran, la cannelle et le poivre noir. Enduire les morceaux de lièvre avec ce mélange. Mélanger le reste d'épices aux raisins secs.

Faire dorer le lièvre dans l'huile dans une cocotte pendant quelques minutes. Saler. Ajouter les oignons et les amandes. Mouiller d'eau tiède à hauteur. Faire cuire, à couvert, sur feu doux, pendant 45 minutes.

Ajouter au contenu de la cocotte le mélange raisins secs-épices et le miel. Poursuivre la cuisson pendant 15 minutes.

Dresser la préparation dans un plat creux bien chaud. Faire réduire le liquide de cuisson si nécessaire ; vérifier l'assaisonnement. En napper la préparation. Servir aussitôt.

Très employé dans la cuisine nord-africaine, le Ras el Hanout est un mélange d'épices et d'aromates constitué de pili-pili, de poivre noir, d'ail, de noix de muscade, de coriandre, de cannelle et de cumin.

Tajine de perdreaux aux raisins secs

300 g de raisins secs de Malaga / Thé fort / 6 oignons / 3 perdreaux / 5 cuil. à soupe d'huile d'olive / 1 dosette de safran / 1 cuil. à café de gingembre en poudre / Le zeste de 1 orange / 1/2 cuil. à café de cannelle en poudre / 2 cuil. à soupe de miel d'acacia / Sel fin, poivre noir du moulin.

Prép. : 20 min – Cuiss. : 55 min — 6 pers.
Trempage : 30 min

Faire gonfler les raisins secs dans du thé fort pendant 30 minutes.

Peler les oignons et les émincer en lamelles.

Dans une cocotte, faire revenir la viande dans de l'huile pendant quelques minutes. Ajouter le safran, le gingembre et le zeste d'orange râpé. Saler et poivrer. Bien mélanger le tout. Arroser de miel. Mélanger à nouveau. Mouiller avec 50 cl d'eau tiède. Faire cuire à couvert sur feu doux pendant 25 minutes.

Ajouter au contenu de la cocotte les oignons et les raisins secs. Parfumer avec la cannelle. Arroser de miel. Mélanger le tout. Poursuivre la cuisson pendant 25 minutes. Vérifier l'assaisonnement. Dresser la préparation dans un plat creux, bien chaud. Servir aussitôt.

Les coings s'associent bien aux perdreaux. Dans le cas de cette garniture, la première partie de la recette est identique. Il suffit de peler les coings, de les épépiner, de les couper en quartiers et de les citronner, puis de les faire cuire préalablement une quinzaine de minutes dans de l'eau sucrée (150 g de sucre en poudre pour 75 cl d'eau). Les ajouter au contenu de la cocotte à la place des oignons et des raisins secs. Parfumer avec la cannelle. Mélanger le tout. Poursuivre la cuisson pendant 25 minutes.

Tajine de pigeons aux pruneaux

1 kg de pruneaux de gros calibre dénoyautés / Thé fort / 6 petits pigeons / Écorce de cannelle / Le zeste de 1 orange non traitée / 6 feuilles de laurier / 2 oignons / 10 cuil. à soupe d'huile d'olive / 1 dosette de safran / 1/2 cuil. à café de gingembre / 300 g d'amandes émondées / 2 cuil. à soupe de graines de sésame / Sel fin, poivre noir du moulin.

6 pers. Prép. : 30 min – Cuiss. : 1 h
Trempage : 1 h

Faire tremper les pruneaux dans du thé fort pendant 1 heure.

Farcir chaque pigeon d'un copeau d'écorce de cannelle, d'un zeste d'orange et d'une feuille de laurier. Brider ensuite les pigeons.

Peler les oignons et les émincer en lamelles.

Faire revenir les pigeons avec les oignons dans la moitié de l'huile, dans une cocotte, pendant quelques minutes. Ajouter le safran et le gingembre. Saler et poivrer. Mouiller avec 30 cl d'eau tiède. Faire cuire à couvert sur feu doux durant 20 minutes.

Pendant ce temps, faire dorer les amandes dans le reste d'huile dans une poêle pendant une quinzaine de minutes.

Faire griller les graines de sésame à sec dans une poêle.

Ajouter les pruneaux égouttés et les amandes au contenu de la cocotte. Poursuivre la cuisson, toujours à couvert, sur feu doux, pendant 20 minutes.

Vérifier l'assaisonnement. Dresser les pigeons dans un plat creux bien chaud. Les entourer des pruneaux. Napper de sauce. Parsemer de graines de sésame. Servir aussitôt.

Tajine de poulet aux amandes et aux pruneaux

30 pruneaux de gros calibre (dénoyautés) / 4 oignons moyens / 1 beau poulet d'environ 1,500 à 2 kg (coupé en morceaux) / 4 cuil. à soupe d'huile d'olive / 100 g d'amandes en poudre / Piment de Cayenne / 50 g d'amandes effilées / Sel fin, poivre noir du moulin.

Prép. : 20 min – Cuiss. : 1 h 30 min — 4 à 6 pers.
Trempage : 12 h

Faire tremper les pruneaux dans de l'eau fraîche pendant 12 heures.

Peler les oignons et les ciseler finement.

Faire dorer les morceaux de poulet dans l'huile, dans une cocotte, pendant quelques minutes. Les retirer et les réserver.

Dans la même graisse, faire fondre les oignons sur feu doux pendant 15 minutes, en veillant à ce qu'ils ne prennent pas couleur. Leur mélanger les amandes. Retirer la cocotte du feu.

Remettre le poulet dans la cocotte. Ajouter les pruneaux égouttés. Relever avec deux pincées de piment de Cayenne, saler et poivrer. Mouiller avec 30 cl d'eau. Faire cuire, à couvert, au four à 210 °C (th. 7) pendant 1 heure 30 minutes.

Rectifier l'assaisonnement si besoin est. Dresser la préparation dans un plat creux bien chaud. La parsemer d'amandes préalablement grillées à sec. Servir aussitôt.

Tajine de poulet aux citrons confits

3 oignons / 3 gousses d'ail / 6 cuil. à soupe de persil plat ciselé / 4 cuil. à soupe de coriandre ciselée / 1 beau poulet de 1,500 à 2 kg / 1 dosette de safran / 1 verre d'huile d'olive / 250 g d'olives noires (dénoyautées) / 6 citrons confits (p. 10-11) / Sel fin, poivre noir du moulin.

6 pers. Prép. : 30 min – Cuiss. : 1 h 35 min

Peler les oignons et les émincer finement. Peler les gousses d'ail et les ciseler.

Garnir le fond d'une cocotte avec les oignons, l'ail, le persil et la coriandre. Déposer le poulet sur ce lit. Couvrir d'eau. Saler et poivrer. Ajouter le safran. Porter à ébullition, puis laisser frémir à couvert pendant 5 minutes.

Ajouter l'huile au contenu de la cocotte. Laisser cuire, sur feu doux, pendant 1 heure 20 minutes.

Retirer le poulet de la cocotte et le réserver au chaud.

Faire réduire le liquide de cuisson des deux tiers sur feu vif. Le passer au chinois, et rectifier l'assaisonnement si nécessaire. Lui ajouter ensuite les olives et les citrons confits, coupés en quatre. Faire cuire pendant 5 minutes.

Découper le poulet et le dresser sur un plat creux bien chaud. Le napper avec la sauce. L'entourer des olives et des citrons confits. Servir aussitôt.

Tajine de poulet à la coriandre

5 gousses d'ail / 1 beau poulet de 1,500 à 2 kg (coupé en morceaux) / 5 cuil. à soupe d'huile d'olive / 1 dosette de safran / 4 cuil. à soupe de coriandre ciselée / 200 g d'olives vertes dénoyautées / 1 citron confit (p. 10-11) / Sel fin, poivre noir du moulin.

Prép. : 30 min – Cuiss. : 1 h 6 pers.

Peler les gousses d'ail et les ciseler finement.

Faire dorer le poulet dans l'huile, dans une cocotte, pendant quelques minutes. Ajouter l'ail, le safran et la coriandre. Saler et poivrer. Bien mélanger et laisser revenir pendant 3 minutes, sans cesser de remuer. Mouiller avec 30 cl d'eau chaude. Laisser cuire, à couvert, sur feu doux, pendant 40 minutes.

Ajouter les olives et les quartiers de citron confit au contenu de la cocotte. Poursuivre la cuisson pendant 15 minutes.

Rectifier l'assaisonnement si besoin est. Faire réduire le liquide de cuisson si nécessaire, sur feu vif.

Dresser la préparation dans un plat creux bien chaud. Servir aussitôt.

Tajine de poulet en gratin

1 beau poulet de 1,500 à 2 kg / 2 oignons / 4 cuil. à soupe d'huile d'olive / 1 cuil. à soupe de concentré de tomates / 10 œufs / 80 g de chapelure / 150 g d'emmenthal râpé / 4 œufs durs (coupés en petits dés) / 20 g de beurre / Sel fin, poivre noir du moulin.

6 pers. Prép. : 1 h – Cuiss. : 1 h 10 min

Désosser le poulet et couper la chair en gros dés. Le saler et le poivrer.

Peler les oignons et les ciseler finement.

Faire dorer le poulet avec les oignons dans l'huile pendant quelques minutes. Ajouter le concentré de tomates et mélanger. Mouiller d'eau à mi-hauteur. Porter à ébullition, puis laisser frémir, à découvert, pendant 30 minutes — le liquide de cuisson doit s'être évaporé. Laisser refroidir ensuite.

Battre les œufs. Leur mélanger la chapelure, le fromage râpé et les œufs durs. Saler et poivrer. Ajouter enfin la viande et bien mélanger le tout.

Beurrer un plat à gratin et y verser la préparation. Faire cuire au four à 150 °C (th. 5) pendant 30 minutes.

Servir aussitôt, dans le plat de cuisson.

Tajine de poulet aux pruneaux

3 oignons / 1 beau poulet de 1,500 à 2 kg (coupé en morceaux) / 20 cl d'huile / 1 cuil. à café de gingembre en poudre / 1 dosette de safran / 500 g de pruneaux de gros calibre (dénoyautés) / 1 morceau d'écorce de cannelle / 1,5 cuil. à soupe de coriandre ciselée / 3 cuil. à soupe de miel d'acacia / 2 cuil. à soupe d'eau de fleur d'oranger / 30 g de graines de sésame / Sel fin, poivre noir du moulin.

Prép. : 30 min – Cuiss. : 1 h 30 min   4 à 6 pers.

Peler les oignons et les émincer finement.

Faire dorer les morceaux de poulet avec les oignons dans l'huile, dans une cocotte, pendant quelques minutes.

Ajouter le gingembre et le safran. Bien mélanger. Couvrir largement d'eau bouillante. Saler et poivrer. Porter à ébullition, puis laisser frémir, à découvert, jusqu'à ce que le jus de cuisson ait réduit des deux tiers — 45 minutes environ.

Ajouter alors au contenu de la cocotte les pruneaux, la cannelle et la coriandre. Poursuivre la cuisson, sur feu doux, pendant 15 minutes.

Ajouter le miel. Poursuivre la cuisson, sur feu doux, pendant 15 minutes.

Ajouter l'eau de fleur d'oranger. Poursuivre la cuisson, sur feu doux, pendant 5 minutes.

Faire dorer les graines de sésame, à sec, à la poêle.

Dresser la viande sur un plat creux bien chaud. L'entourer des pruneaux.

Passer le liquide de cuisson au chinois. En napper la préparation. Parsemer de sésame. Servir aussitôt.

Tajine aux boulettes de bœuf

1 kg de tomates / 3 oignons / 3 gousses d'ail / 600 g de viande de bœuf hachée / 1 cuil. à café et demie de cumin en poudre / Piment de Cayenne / 4 cuil. à soupe de persil plat ciselé / 1 cuil. à soupe de coriandre ciselée / 3 cuil. à soupe d'huile / 1/2 cuil. à café de cannelle en poudre / Sel fin, poivre noir du moulin.

Prép. : 45 min – Cuiss. : 1 h 10 min 6 pers.

Peler les tomates, les épépiner et les couper en dés. Peler les oignons et les ciseler finement. Peler les gousses d'ail et les écraser.

Dans un saladier, mélanger la viande et un tiers des oignons. Ajouter une partie du cumin et deux pincées de piment de Cayenne. Saler. Incorporer au mélange 2 cuillerées à soupe de persil et la coriandre. Travailler le tout avec les mains humidifiées pour éviter que la viande ne colle aux doigts. Façonner des boulettes de la taille d'une grosse bille.

Faire dorer ces boulettes de tous côtés dans l'huile, dans une cocotte. Lorsqu'elles sont cuites, les réserver.

Dans la même graisse, faire cuire le reste d'oignon, en veillant à ce qu'ils ne prennent pas couleur. Ajouter les tomates, et laisser revenir 5 minutes à couvert. Puis ajouter l'ail et le reste de persil. Parfumer avec le cumin restant et la cannelle. Relever avec deux pincées de piment de Cayenne. Saler et poivrer. Bien mélanger le tout. Faire cuire, à couvert, sur feu doux, pendant 30 minutes.

Replacer les boulettes de viande dans la cocotte. Poursuivre la cuisson pendant 15 minutes.

Rectifier l'assaisonnement si nécessaire. Dresser la préparation dans un plat creux bien chaud, et servir aussitôt.

Une variante : au moment de servir, casser des œufs dans la sauce (1 œuf par personne) et les laisser prendre. Il convient alors de servir le tajine dans le récipient de cuisson.

Une autre formule de préparation pour les boulettes : mélange de viande de bœuf et de viande de mouton (poitrine) en parts égales, oignon haché menu, ail écrasé, coriandre ciselée, persil plat ciselé, cumin en poudre, gingembre en poudre, paprika doux, piment de Cayenne, sel fin, poivre noir du moulin.

Tajine de bœuf aux œufs et aux amandes

4 oignons / 3 gousses d'ail / 1,500 kg de viande de bœuf dans la macreuse (coupée en morceaux) / 5 cuil. à soupe d'huile d'olive / 1 dosette de safran / 1 cuil. à café de gingembre en poudre / 2 cuil. à soupe de coriandre ciselée / 6 œufs durs / 200 g d'amandes effilées / 20 g de beurre / Sel fin, poivre noir du moulin.

Prép. : 30 min – Cuiss. : 2 h 40 min 6 pers.

Peler les oignons et les gousses d'ail, puis les ciseler finement.

Faire dorer les morceaux de viande avec les oignons dans l'huile, dans une cocotte, pendant quelques minutes. Ajouter l'ail. Saupoudrer de safran et de gingembre. Saler et poivrer. Bien mélanger. Ajouter enfin la coriandre. Mouiller avec 1 l d'eau. Porter à ébullition, puis laisser frémir, à couvert, pendant 2 heures 30 minutes.

Prolonger la cuisson à découvert si nécessaire, de façon que la sauce réduise des deux tiers. Vérifier l'assaisonnement.

Écaler les œufs. Faire dorer les amandes dans le beurre, dans une poêle.

Dresser la préparation dans un plat creux bien chaud. L'entourer des œufs. La parsemer d'amandes. Servir aussitôt.

Pour être plutôt européenne, cette version du tajine n'en est pas moins savoureuse. On peut préférer du paleron ou du gîte à la macreuse.

Une astuce pour colorer les œufs : une fois écalés, les plonger quelques secondes dans 50 cl d'eau bouillante additionnée d'une dosette de safran.

Tajine de foie de veau

4 poivrons / 2 tomates / 3 oignons / 1,200 kg de foie de veau / 5 cuil. à soupe d'huile d'olive / 2 cuil. à café de paprika doux / Piment de Cayenne / Le jus de 1/2 citron / 3 cuil. à soupe de persil plat ciselé / Sel fin, poivre noir du moulin.

Prép. : 30 min – Cuiss. : 40 min — 6 pers.

Faire griller les poivrons de tous côtés sur un gril. Les peler sous l'eau froide courante. Retirer le pédoncule, les graines et les parties blanches. Les tailler ensuite en dés.

Faire griller les tomates de tous côtés sur un gril. Les peler et les tailler également en dés.

Peler les oignons et les ciseler le plus finement possible.

Couper le foie en gros dés. Le faire revenir avec les oignons dans l'huile dans une cocotte pendant quelques minutes. Ajouter les poivrons et les tomates. Parfumer avec le paprika et deux pincées de piment de Cayenne. Saler et poivrer. Mélanger délicatement le tout. Mouiller avec 30 cl d'eau tiède. Faire cuire, à couvert, sur feu doux, pendant 20 minutes.

Vérifier l'assaisonnement. Dresser la préparation dans un plat creux bien chaud. Arroser avec le jus de citron. Parsemer de persil. Servir aussitôt.

Tajine aux carottes

3 oignons / 3 gousses d'ail / 1 bouquet de coriandre / 1,500 kg de viande de veau (désossée et coupée en gros cubes) / 1 cuil. à café de curcuma / 1,200 kg de carottes / 24 oignons grelots / Sel fin, poivre noir du moulin.

6 pers. Prép. : 20 min – Cuiss. : 1 h 40 min

Peler les oignons et les gousses d'ail, puis les ciseler finement. Effeuiller et ciseler la coriandre.

Mettre dans une cocotte la viande, les oignons, l'ail et la coriandre. Mouiller d'eau froide à moitié. Ajouter le curcuma. Saler et poivrer. Porter à ébullition, puis laisser cuire, à couvert, sur feu doux, pendant 1 heure.

Pendant ce temps, peler les carottes et les couper en morceaux. Peler les oignons grelots.

Ajouter les carottes et les oignons au contenu de la cocotte. Poursuivre la cuisson pendant 40 minutes.

Rectifier l'assaisonnement si nécessaire. Dresser la préparation dans un plat creux bien chaud, et servir aussitôt.

Tajine aux courgettes et aux gombos

1,500 kg de courgettes / 600 g de gombos / 3 oignons / 3 gousses d'ail / 1,500 kg de viande de veau (désossée et coupée en gros cubes) / 5 cuil. à soupe d'huile d'olive / 1 dosette de safran / Sel fin, poivre noir du moulin.

Prép. : 30 min – Cuiss. : 1 h 25 min 6 pers.

Retirer les extrémités des courgettes, les laver et, sans les peler, les tailler en dés. Couper les extrémités des gombos et les laver. Peler les oignons et les gousses d'ail, puis les ciseler finement.

Faire dorer la viande avec les oignons et l'ail dans l'huile, dans une cocotte, pendant quelques minutes. Ajouter le safran. Saler et poivrer. Couvrir d'eau. Faire cuire, à couvert, sur feu doux, pendant 1 heure.

Retirer la viande de la cocotte et la réserver. Mettre les courgettes et les gombos dans la cocotte. Ajouter un peu d'eau si nécessaire. Faire cuire, à couvert, sur feu doux, pendant 15 minutes.

Remettre la viande dans la cocotte. Poursuivre la cuisson pendant 10 minutes.

Vérifier l'assaisonnement. Dresser la préparation dans un plat creux bien chaud, et servir aussitôt.

Légume des pays tropicaux, le gombo, aussi appelé « ketmie » ou « bamya », se trouve dans les magasins de produits exotiques, parfois même aux étals de certaines grandes surfaces.

Tajine au fenouil

1,200 kg de bulbes de fenouil / 2 oignons / 1,500 kg de viande de veau (désossée et coupée en gros cubes) / 4 cuil. à soupe d'huile d'olive / 1 dosette de safran / 1 cuil. à café de gingembre / 2 cuil. à soupe de persil plat haché / Graines d'anis / 1 cuil. à soupe de feuilles de fenouil ciselées / Sel fin, poivre noir du moulin.

Prép. : 30 min – Cuiss. : 55 min 6 pers.

Éplucher les bulbes de fenouil, les laver et les tailler en courtes lanières. Peler les oignons et les ciseler très finement.

Dans une cocotte, faire revenir la viande avec les oignons dans l'huile pendant quelques minutes. Ajouter le safran, le gingembre et le persil. Saler et poivrer. Bien mélanger le tout. Mouiller avec 50 cl d'eau tiède. Faire cuire à couvert sur feu doux pendant 25 minutes.

Ajouter le fenouil au contenu de la cocotte. Parsemer de graines d'anis. Bien mélanger. Poursuivre la cuisson pendant 25 minutes.

Vérifier l'assaisonnement. Dresser la préparation dans un plat creux bien chaud.

Parsemer avec des feuilles de fenouil. Servir aussitôt.

Tajine aux haricots verts

4 oignons / 1,500 kg de viande de veau (désossée et coupée en gros cubes) / 3 cuil. à soupe d'huile / 1 cuil. à café de gingembre en poudre / 1 dosette de safran / 1 kg de haricots verts / 1 cuil. à soupe de coriandre fraîche ciselée / 1/2 cuil. à café de cumin en poudre / 1 cuil. à café de paprika doux / Piment de Cayenne / 1 beau zeste de citron râpé / Le jus de 1 citron / Sel fin, poivre noir du moulin.

6 pers. Prép. : 40 min – Cuiss. : 1 h 40 min

Peler les oignons et les ciseler finement.

Dans une cocotte, faire dorer la viande dans l'huile pendant quelques minutes. Ajouter les oignons et laisser revenir pendant quelques minutes. Ajouter alors le gingembre et le safran. Bien mélanger le tout. Couvrir d'eau. Saler et poivrer. Laisser frémir, à couvert, sur feu doux, pendant 1 heure.

Pendant ce temps, équeuter et effiler les haricots verts. Les faire blanchir à l'eau bouillante salée durant 5 minutes. Les égoutter ensuite.

Ajouter les haricots au contenu de la cocotte. Ajouter aussi la coriandre, le cumin, le paprika et une pincée de piment de Cayenne. Poursuivre la cuisson pendant 30 minutes.

Ajouter le zeste de citron et le jus de citron au contenu de la cocotte. Prolonger la cuisson, à découvert, de façon que la sauce réduise des deux tiers. Rectifier l'assaisonnement si nécessaire.

Dresser la préparation dans un plat creux bien chaud, et servir aussitôt.

Tajine aux olives

2 oignons / 1,500 kg de viande de veau (désossée et coupée en gros cubes) / 3 cuil. à soupe de smen (ou de beurre, ou d'huile d'olive) / 40 g de farine / 800 g à 1 kg d'olives vertes dénoyautées / Sel fin, poivre noir du moulin.

Prép. : 40 min – Cuiss. : 1 h 35 min 6 pers.

Peler les oignons et les ciseler très finement.

Dans une cocotte, faire revenir la viande dans le smen et 15 cl d'eau pendant quelques minutes. Ajouter les oignons. Mouiller avec 10 cl d'eau. Saler et poivrer. Laisser cuire, à couvert, sur feu doux, pendant 1 heure.

Retirer la viande de la cocotte et la réserver. Verser dans la cocotte la farine tamisée, délayée dans un peu d'eau. Bien mélanger. Remettre la viande dans la cocotte. Déposer également les olives. Ajouter de l'eau si nécessaire. Laisser cuire, à couvert, sur feu doux, pendant 35 minutes.

Rectifier l'assaisonnement si besoin est. Dresser la préparation dans un plat creux bien chaud, et servir aussitôt.

Cette recette algérienne (tadjin ez zitoun) peut être réalisée avec de la viande de bœuf.

Tajine aux petits pois

1,500 kg de petits pois / 5 cuil. à soupe d'huile d'olive / 1,500 kg de viande de veau (désossée et coupée en gros cubes) / 2 dosettes de safran / 1,5 cuil. à café de gingembre / 2 citrons confits (p. 10-11) / 300 g d'olives vertes dénoyautées / Sel fin, poivre noir du moulin.

6 pers. Prép. : 50 min – Cuiss. : 1 h 30 min

Écosser les petits pois.

Verser l'huile dans une cocotte. Y déposer la viande. Ajouter le safran et le gingembre. Saler et poivrer. Mouiller d'eau à hauteur. Faire cuire à couvert sur feu doux pendant 45 minutes.

Retirer la viande de la cocotte et la réserver. Y mettre les petits pois. Couvrir d'eau. Saler et poivrer. Faire cuire, à couvert, sur feu doux, pendant 15 minutes.

Ajouter les citrons confits coupés en quartiers et les olives au contenu de la cocotte. Poursuivre la cuisson, à découvert, pendant 20 minutes environ – la sauce doit réduire.

Remettre la viande dans la cocotte. Laisser cuire encore pendant 10 minutes.

Vérifier l'assaisonnement. Dresser la préparation dans un plat creux bien chaud. Servir aussitôt.

Tajine de pieds de mouton

400 g de pois chiches / 3 oignons / 6 pieds de mouton prêts à être cuisinés / 20 cl d'huile d'olive / 1 cuil. à café de gingembre en poudre / 1 cuil. à café de paprika doux / Piment de Cayenne / 200 g de riz / 1 cuil. à soupe et demie de persil plat ciselé / Sel fin, poivre noir du moulin.

Prép. : 20 min – Cuiss. : 2 h 30 min — 6 pers.
Trempage : 12 h

Faire tremper les pois chiches dans de l'eau pendant 12 heures.

Peler les oignons et les émincer en lamelles.

Faire légèrement revenir les pieds de mouton avec les oignons dans l'huile, dans une cocotte, pendant quelques minutes. Ajouter le gingembre, le paprika et deux pincées de piment de Cayenne. Saler et poivrer. Couvrir d'eau. Porter à ébullition, puis laisser cuire, à couvert, sur feu doux, pendant 1 heure 30 minutes.

Ajouter les pois chiches égouttés au contenu de la cocotte. Poursuivre la cuisson pendant 40 minutes.

Ajouter le riz au contenu de la cocotte. Compléter la quantité de liquide si nécessaire. Poursuivre la cuisson pendant 20 minutes. Le riz doit absorber tout le liquide.

Vérifier l'assaisonnement. Dresser la préparation dans un plat creux bien chaud. Parsemer de persil ciselé. Servir aussitôt.

La recette traditionnelle voudrait qu'on utilisât non du riz, mais du blé, grossièrement pilé. Dans ce cas, il est mis dans la cocotte dès le début de la cuisson.

Tajine « ahmar »

400 g d'oignons / 1,500 kg de viande de mouton (désossée et coupée en gros cubes) / 100 g de beurre / 20 g de farine / 1 dosette de safran / 1 cuil. à café de cannelle en poudre / Piment de Cayenne / 600 g de pruneaux de gros calibre dénoyautés / Sel fin, poivre noir du moulin.

6 pers. Prép. : 20 min – Cuiss. : 3 h 10 min

Peler les oignons et les ciseler très finement.

Dans une cocotte, faire revenir la viande avec les oignons dans le beurre pendant quelques minutes. Saupoudrer de farine. Laisser roussir pendant 3 minutes, en mélangeant bien le tout.

Ajouter le safran, la cannelle et deux pincées de piment de Cayenne. Saler et poivrer. Couvrir d'eau chaude. Porter à ébullition, puis laisser cuire, à couvert, sur feu doux, pendant 2 heures.

Ajouter les pruneaux au contenu de la cocotte. Poursuivre la cuisson pendant 1 heure.

Dresser la préparation sur un plat chaud, en ayant soin de répartir les pruneaux autour de la viande.

Servir aussitôt.

La même recette peut être réalisée avec un poulet (coupé en morceaux). Seuls les temps de cuisson en cocotte diffèrent : 40 minutes avant l'ajout des pruneaux et 40 minutes après.

Tajine aux artichauts et aux fèves

1,500 kg de fèves / 12 fonds d'artichaut frais / Le jus de 1,5 citron / 2 gousses d'ail / 1,500 kg de viande de mouton (désossée et coupée en gros cubes) / 1 cuil. à café de gingembre en poudre / 1 dosette de safran / 4 cuil. à soupe d'huile d'olive / 1 citron confit (p. 10-11) / 100 g d'olives vertes dénoyautées / 1 cuil. à soupe de persil plat ciselé / Sel fin, poivre noir du moulin.

OOOO XX Prép. : 45 min – Cuiss. : 2 h 40 min 6 pers.

Écosser les fèves. Citronner les fonds d'artichaut et les couper en quatre. Peler les gousses d'ail et les hacher.

Déposer la viande dans une cocotte. Ajouter l'ail, le gingembre et le safran. Saler et poivrer. Arroser avec l'huile. Couvrir d'eau. Porter à ébullition, puis laisser frémir, à couvert, sur feu doux, pendant 2 heures.

Retirer la viande et la réserver au chaud.

Mettre les fonds d'artichaut dans la cocotte. Les faire cuire, à couvert, sur feu doux, pendant 20 minutes.

Remettre ensuite la viande dans la cocotte. Ajouter les fèves, le citron confit coupé en quartiers et les olives. Poursuivre la cuisson, à couvert, sur feu doux, pendant 20 minutes.

Vérifier l'assaisonnement. Dresser la préparation — dont on a eu soin de faire réduire la sauce, si nécessaire, sur feu vif — dans un plat creux bien chaud. Arroser du jus de citron restant. Parsemer de persil ciselé. Servir aussitôt.

L'usage voudrait que l'on retirât la peau des fèves écossées. Mais l'opération est longue...

Tajine « Tiab l'sane »

5 oignons / 1,500 kg de viande de mouton (désossée et coupée en petits cubes) / 6 cuil. à soupe d'huile d'olive ou 100 g de beurre / 1 cuil. à café de cumin en poudre / 1,5 cuil. à café de paprika doux / 1,5 cuil. à soupe de coriandre ciselée / 5 cl de vinaigre / Sel fin, poivre noir du moulin.

6 pers. Prép. : 20 min – Cuiss. : 1 h

Peler les oignons et les ciseler finement.

Mettre la viande dans une cocotte avec les oignons et l'huile. Ajouter le cumin et le paprika. Saler et poivrer. Bien mélanger le tout. Couvrir d'eau. Faire cuire, à couvert, sur feu doux, pendant 50 minutes.

Ajouter la coriandre et le vinaigre au contenu de la cocotte. Laisser la sauce réduire, à découvert, jusqu'à ce qu'elle soit onctueuse.

Vérifier l'assaisonnement. Dresser la préparation dans un plat creux bien chaud. Servir aussitôt.

Tajine aux œufs

1,500 kg de viande de mouton (désossée et coupée en gros cubes) / 6 cuil. à soupe d'huile d'olive ou 150 g de beurre / 1,5 cuil. à café de cumin en poudre / 2 cuil. à café de paprika doux / Piment de Cayenne / 20 g de farine (facultatif) / 6 beaux œufs / Sel fin, poivre noir du moulin.

6 pers. Prép. : 15 min – Cuiss. : 50 min à 1 h

Mettre la viande dans une cocotte avec l'huile. Ajouter le cumin et le paprika. Relever avec deux pincées de piment de Cayenne. Saler et poivrer. Bien mélanger le tout. Couvrir d'eau. Faire cuire à couvert sur feu doux pendant 50 minutes.

Si nécessaire, laisser la sauce réduire, à découvert, jusqu'à ce qu'elle soit onctueuse. Au besoin, la lier avec la farine tamisée.

Casser les œufs dans la préparation. Saler un peu. Lorsque le blanc a pris, servir aussitôt, dans la cocotte.

Tajine aux artichauts et aux petits pois

2 oignons / 1,500 kg de viande de mouton (désossée et coupée en gros cubes) / 1 cuil. à café de gingembre en poudre / 1 dosette de safran / 600 g de petits pois frais écossés / 12 fonds d'artichaut frais (coupés en quatre et citronnés) / 1 citron confit (p. 10-11) / 24 olives vertes / Sel fin, poivre noir du moulin.

Prép. : 20 min – Cuiss. : 2 h 6 pers.

Peler les oignons et les ciseler finement.

Déposer la viande et les oignons dans une cocotte. Mouiller d'eau froide aux trois quarts de la hauteur. Ajouter le gingembre et le safran. Saler et poivrer. Porter à ébullition, puis laisser cuire, à couvert, sur feu doux, pendant 1 heure 30 minutes.

Ajouter alors les petits pois, les fonds d'artichaut, le citron confit coupé en quartiers et les olives. Poursuivre la cuisson pendant 30 minutes.

Rectifier l'assaisonnement si nécessaire. Dresser la préparation dans un plat creux bien chaud, et servir aussitôt.

À défaut de petits pois frais, utiliser des petits pois en boîte. Procéder de même pour les artichauts. Mais la préparation y perdra en saveur...

On peut substituer des petites carottes nouvelles, voire des gombos, aux petits pois.

Tajine aux aubergines

1,200 kg d'aubergines / 2 oignons / 2 gousses d'ail / 1,500 kg de viande de mouton (désossée et coupée en gros cubes) / 5 cuil. à soupe d'huile d'olive / 1 dosette de safran / 1 cuil. à café de gingembre en poudre / Noix de muscade râpée / Piment de Cayenne / 4 œufs / 80 g de farine / 30 cl d'huile de friture / Sel fin, poivre noir du moulin.

6 pers. Prép. : 45 min – Cuiss. : 1 h 10 min

Couper les extrémités des aubergines, les laver et, sans les peler, les tailler en rondelles d'environ 1 cm d'épaisseur. Peler les oignons et les émincer finement. Peler les gousses d'ail et les hacher menu.

Faire dorer la viande avec les oignons dans l'huile, dans une cocotte, pendant quelques minutes. Ajouter l'ail, le safran, le gingembre, deux pincées de noix de muscade et deux pincées de piment de Cayenne. Saler et poivrer. Bien mélanger le tout. Mouiller avec 50 cl d'eau. Faire cuire, à couvert, sur feu doux, pendant 1 heure.

Passer les rondelles d'aubergines dans les œufs battus, puis dans la farine, avant de les faire frire dans l'huile chaude dans une poêle. Les égoutter ensuite sur du papier absorbant, au fur et à mesure de leur cuisson. Les saler et les poivrer. Les déposer dans la cocotte. Faire cuire, à couvert, sur feu doux, pendant 10 minutes.

Dresser la préparation sur un plat bien chaud. Servir aussitôt.

Tajine aux citrons confits

3 oignons / 2 gousses d'ail / 1,500 kg de viande de mouton (désossée et coupée en gros cubes) / 1 bouquet de coriandre / 1 cuil. à café de gingembre en poudre / 1 dosette de safran / 4 cuil. à soupe d'huile d'olive / 60 g de beurre / 1 kg de fèves fraîches (écossées) / 3 fonds d'artichaut frais (coupés en quatre et citronnés) / 100 g d'olives vertes / 4 citrons confits (p. 10-11) / 1 cuil. à soupe de coriandre ciselée / Sel fin, poivre noir du moulin.

Prép. : 30 min – Cuiss. : 2 h 15 min 6 pers.

Peler les oignons et les ciseler finement. Peler les gousses d'ail et les écraser

Mettre la viande dans une cocotte. Ajouter l'oignon, l'ail et le bouquet de coriandre. Ajouter le gingembre et le safran. Arroser d'huile. Ajouter enfin le beurre. Mouiller avec 2 l d'eau. Saler et poivrer. Porter à ébullition, puis laisser cuire, à couvert, sur feu doux, pendant 1 heure 30 minutes.

Au terme de cette cuisson, retirer la viande et la réserver. Passer le liquide de cuisson au chinois et le reverser dans la cocotte. Y plonger les fèves et les artichauts. Les faire cuire, à couvert, sur feu doux, pendant une vingtaine de minutes.

Ajouter la viande, les olives et les citrons confits coupés en quatre. Poursuivre la cuisson pendant 15 minutes.

Dresser la préparation dans un plat creux bien chaud. Faire réduire la sauce autant que possible ; rectifier l'assaisonnement si nécessaire. En napper la préparation. Parsemer de coriandre ciselée. Servir aussitôt.

Tajine aux cardons

1 kg de cardons / 1,500 kg de viande de mouton (désossée et coupée en gros cubes) / 4 cuil. à soupe d'huile / 1 dosette de safran / 1/2 cuil. à café de gingembre / 1 bouquet garni / 2 citrons confits (p. 10-11) / 300 g d'olives noires dénoyautées / Le jus de 1 citron / 1 cuil. à soupe de persil plat ciselé / Sel fin, poivre noir du moulin.

Prép. : 30 min – Cuiss. : 1 h 15 min 6 pers.

Éplucher les cardons, en retirant soigneusement les fibres des tiges. Les tailler en tronçons de 6 cm de long environ.

Faire dorer la viande dans l'huile pendant quelques minutes. Saupoudrer de safran. Saler et poivrer. Bien mélanger. Mouiller d'eau à hauteur. Porter à ébullition, puis laisser cuire, à couvert, sur feu doux, pendant 30 minutes.

Ajouter les cardons au contenu de la cocotte. Ajouter le gingembre et le bouquet garni, ainsi que les citrons confits coupés en lamelles. Poursuivre la cuisson, à couvert, sur feu doux, pendant 30 minutes.

Ajouter enfin les olives. Poursuivre la cuisson pendant 10 minutes.

Retirer le bouquet garni. Vérifier l'assaisonnement. Dresser la préparation — dont on a eu soin de faire réduire la sauce, si nécessaire, sur feu vif — dans un plat creux bien chaud. Arroser de jus de citron. Parsemer de persil ciselé. Servir aussitôt.

Tajine au cumin

3 oignons / 4 cuil. à café de cumin en poudre / 1 cuil. à café de cannelle en poudre / 1,500 kg de viande de mouton (désossée et coupée en fines lamelles) / 3 cuil. à soupe de chapelure / 80 g d'emmenthal râpé / 5 œufs / Bain de friture / Sel fin, poivre noir du moulin.

6 pers. Prép. : 30 min – Cuiss. : 1 h

Peler les oignons et les ciseler finement.

Dans une cocotte, mélanger l'oignon, la moitié du cumin et la cannelle. Ajouter sel et poivre. Mouiller avec 15 cl d'eau. Faire cuire, à couvert, sur feu doux, pendant 15 minutes.

Mélanger la chapelure et le fromage.

Saupoudrer les lamelles de viande de cumin. Les passer ensuite dans le mélange chapelure-fromage. Les passer enfin dans les œufs battus, avant de les faire frire dans l'huile chaude.

Égoutter les lamelles frites sur du papier absorbant, au fur et à mesure de leur cuisson. Les déposer dans la cocotte. Faire cuire, à couvert, sur feu doux, pendant 20 minutes.

Dresser la préparation sur un plat chaud. Servir aussitôt.

Cette recette algérienne (tadjin kemoun) est particulièrement savoureuse.

Tajine aux dattes

3 oignons / 1,500 kg de viande de mouton (désossée et coupée en gros cubes) / 1 dosette de safran / 1 cuil. à café de cannelle en poudre / 7 cuil. à soupe d'huile d'olive / 4 cuil. à soupe de miel d'acacia / 800 g de dattes / 200 g d'amandes entières émondées / 100 g de graines de sésame / Sel fin, poivre noir du moulin.

Prép. : 30 min – Cuiss. : 1 h 45 min 6 pers.

Peler les oignons et les ciseler finement.

Mettre la viande et les oignons dans une cocotte. Ajouter le safran et la cannelle. Saler et poivrer. Arroser de 5 cuillerées à soupe d'huile. Couvrir d'eau. Faire cuire, à couvert, sur feu doux, pendant 1 heure 30 minutes.

Ajouter le miel au contenu de la cocotte. Ajouter également les dattes. Poursuivre la cuisson pendant 10 à 15 minutes.

Faire dorer les amandes à l'huile.

Vérifier l'assaisonnement. Dresser la préparation — dont on a eu soin de faire réduire la sauce, si nécessaire, sur feu vif — dans un plat creux bien chaud. Parsemer d'amandes. Saupoudrer de sésame. Servir aussitôt.

Tajine aux haricots verts et à la tomate

1 kg de haricots verts / 1 kg de tomates / 1,500 kg de viande de mouton (désossée et coupée en gros cubes) / 1 dosette de safran / 1 cuil. à café de gingembre en poudre / 15 cl d'huile d'olive / 1 citron confit (p. 10-11) / Le jus de 1 citron / Sel fin, poivre noir du moulin.

6 pers. Prép. : 45 min – Cuiss. : 2 h

Effiler les haricots verts et les laver. Épépiner les tomates et les couper en quartiers.

Mettre la viande dans une cocotte. La saupoudrer avec le safran et le gingembre. Saler et poivrer. Bien mélanger le tout. Arroser avec l'huile. Couvrir d'eau froide. Porter à ébullition, puis laisser frémir à couvert pendant 45 minutes.

Ajouter les haricots verts au contenu de la cocotte. Laisser cuire, à couvert, sur feu très doux, pendant 1 heure.

Ajouter les tomates et le citron confit (coupé en quartiers) au contenu de la cocotte. Poursuivre la cuisson pendant 15 minutes.

Vérifier l'assaisonnement. Dresser la préparation — dont on a eu soin de faire réduire la sauce, si nécessaire, sur feu vif — dans un plat creux bien chaud. Arroser de jus de citron. Servir aussitôt.

Tajine aux oignons et aux amandes

1 kg d'oignons / 1,500 kg de viande de mouton (désossée et coupée en gros cubes) / 4 cuil. à soupe d'huile d'olive / 1 dosette de safran / 1 cuil. à café de gingembre en poudre / Noix de muscade râpée / 250 g d'amandes émondées / 1/2 cuil. à café de cannelle en poudre / 12 cuil. à soupe de miel d'acacia / 3 cuil. à soupe de sucre cristallisé / Sel fin, poivre noir du moulin.

Prép. : 20 min – Cuiss. : 1 h 30 min — 6 pers.

Peler les oignons et les émincer en lamelles.

Dans une cocotte, faire revenir la viande dans l'huile quelques minutes. Ajouter le safran, le gingembre et deux pincées de noix de muscade. Saler et poivrer. Bien mélanger le tout. Mouiller avec 50 cl d'eau tiède. Faire cuire, à couvert, sur feu doux, pendant 40 minutes.

Pendant ce temps, faire cuire les oignons à l'eau bouillante salée durant une dizaine de minutes. Les égoutter.

Faire dorer les amandes à l'huile, dans une poêle, pendant 15 minutes.

Ajouter au contenu de la cocotte les oignons et les amandes. Parfumer avec la cannelle. Arroser de miel. Mélanger le tout. Poursuivre la cuisson pendant 20 minutes.

Vérifier l'assaisonnement. Dresser la préparation dans un plat creux bien chaud. Saupoudrer de sucre. Servir aussitôt.

Tajine aux poires

250 g d'oignons / 1,500 kg de viande de mouton dans l'épaule (désossée et coupée en gros cubes) / 4 cuil. à soupe d'huile / 1 dosette de safran / 1,500 kg de poires / 100 g de miel d'acacia / 1 cuil. à café de cannelle en poudre / 100 g d'amandes effilées / Sel fin, poivre noir du moulin.

Prép. : 30 min – Cuiss. : 1 h 30 min 6 pers.

Peler les oignons et les ciseler finement.

Dans une cocotte, faire dorer la viande avec les oignons dans l'huile pendant quelques minutes. Ajouter le safran. Mouiller avec 1 l d'eau. Saler et poivrer. Porter à ébullition, puis laisser frémir, à couvert, pendant 1 heure.

Pendant ce temps, peler les poires, en retirer le cœur et les pépins, les couper en quartiers et les faire pocher pendant 10 minutes dans un sirop frémissant composé de 50 cl d'eau, du miel et de la cannelle.

Ajouter les poires au contenu de la cocotte. Faire réduire le sirop de cuisson des fruits, puis le verser dans la cocotte. Laisser cuire, à couvert, sur feu doux, pendant 30 minutes.

Faire dorer les amandes à sec dans une poêle.

Dresser la préparation — dont on a eu soin de faire réduire la sauce, si nécessaire, sur feu vif — dans un plat creux bien chaud. Parsemer d'amandes. Servir aussitôt.

Tajine aux pois chiches

3 oignons / 1,500 kg de viande de mouton (désossée et coupée en gros cubes) / 5 cuil. à soupe d'huile d'olive / 1 dosette de safran / 1/2 cuil. à café de gingembre / Piment de Cayenne / 3 cuil. à soupe de persil plat ciselé / 4 feuilles de sauge / 1 kg de pois chiches en boîte au naturel / 1/2 cuil. à café de cumin en poudre / Sel fin, poivre noir du moulin.

6 pers. Prép. : 30 min – Cuiss. : 1 h 15 min

Peler les oignons et les émincer finement.

Dans une cocotte, faire dorer la viande avec les oignons dans l'huile pendant quelques minutes. Ajouter le safran, le gingembre et deux pincées de piment de Cayenne. Saler et poivrer. Mélanger le tout. Ajouter aussi le persil et la sauge. Mouiller avec 50 cl d'eau. Faire cuire, à couvert, sur feu doux, pendant 50 minutes.

Ajouter les pois chiches au contenu de la cocotte. Poursuivre la cuisson pendant 20 minutes.

Vérifier l'assaisonnement. Dresser la préparation dans un plat creux bien chaud. Saupoudrer de cumin. Servir aussitôt.

Tajine aux trois légumes

3 oignons / 6 courgettes moyennes / 12 carottes / 12 navets / 1,500 kg de viande de mouton (désossée et coupée en fines lamelles) / 4 cuil. à soupe d'huile d'olive / 1 cuil. à café de gingembre / 1 cuil. à café de curcuma / 1 dosette de safran / 1/2 cuil. à café de cumin / 3 cuil. à soupe de coriandre ciselée / Piment de Cayenne / Sel fin, poivre noir du moulin.

Prép. : 30 min – Cuiss. : 2 h — 6 pers.

Peler les oignons et les ciseler finement. Couper les extrémités des courgettes, les laver et, sans les peler, les couper en dés. Peler les carottes et les navets, puis les tailler également en dés.

Dans une cocotte, faire dorer la viande avec les oignons dans l'huile pendant quelques minutes. Ajouter le gingembre, le curcuma, le safran, le cumin et 2 cuillerées à soupe de coriandre. Relever avec deux pincées de piment de Cayenne. Saler et poivrer. Bien mélanger le tout. Mouiller avec 1 l d'eau. Faire cuire, à couvert, sur feu doux, pendant 1 heure.

Ajouter les courgettes, les carottes et les navets au contenu de la cocotte. Poursuivre la cuisson pendant 1 heure.

Vérifier l'assaisonnement. Dresser la préparation dans un plat creux bien chaud. Saupoudrer du reste de coriandre. Servir aussitôt.

Tajine de carrés d'agneau

6 oignons / 4 gousses d'ail / 1 double carré d'agneau de 6 côtes chacun / 15 cl d'huile d'olive / 1 cuil. à café de gingembre en poudre / 1 cuil. à café de thym émietté / 1 dosette de safran / 1/2 cuil. à café de cannelle en poudre / 1 cuil. à café de paprika doux / Piment de Cayenne / 3 citrons non traités / Sel fin, poivre noir du moulin.

Prép. : 20 min – Cuiss. : 1 h 15 min — 6 pers.

Peler les oignons et les émincer en lamelles. Peler les gousses d'ail et les ciseler finement.

Dans une cocotte, faire dorer la viande avec les oignons dans la moitié de l'huile pendant quelques minutes. Ajouter le gingembre, le thym, le safran, la cannelle et le paprika. Arroser avec le reste d'huile. Mélanger. Mouiller avec 1,5 l d'eau. Saler et poivrer. Relever avec deux pincées de piment de Cayenne. Ajouter les citrons coupés en quartiers. Porter à ébullition, puis laisser frémir, à couvert, sur feu doux, pendant 1 heure.

Retirer la viande et les citrons. Dresser la viande dans un plat creux bien chaud, et la réserver au chaud.

Passer le liquide de cuisson au chinois. Le faire réduire des deux tiers, à découvert, sur feu vif. Rectifier l'assaisonnement si nécessaire.

Napper la viande avec la sauce. Servir aussitôt.

Tajine de souris d'agneau aux mirabelles

1,200 kg de mirabelles / 2 oignons / 5 échalotes / 6 souris d'agneau / 4 cuil. à soupe d'huile d'olive / Le jus de 3 oranges / Thym / Sel fin, poivre noir du moulin.

6 pers. Prép. : 20 min – Cuiss. : 1 h 40 min

Laver les mirabelles et les essuyer. Peler les oignons et les échalotes, puis les ciseler finement.

Faire dorer la viande dans l'huile dans une cocotte pendant quelques minutes. La retirer et la réserver.

Dans la même graisse, faire fondre les oignons et les échalotes pendant 5 minutes, en veillant à ce qu'ils ne prennent pas couleur. Mouiller ensuite avec le jus d'orange. Bien mélanger. Remettre la viande dans la cocotte. Saler et poivrer. Ajouter le thym. Faire cuire, à couvert, sur feu doux, pendant 1 heure.

Ajouter les mirabelles au contenu de la cocotte. Poursuivre la cuisson pendant 30 minutes.

Rectifier l'assaisonnement si nécessaire.

Dresser la préparation dans un plat creux bien chaud, et servir aussitôt.

À défaut de souris d'agneau, utiliser de l'épaule d'agneau désossée et coupée en morceaux.

Tajine aux fruits secs

80 g de raisins secs / 250 g d'abricots secs / Thé fort / 3 oignons / 2 gousses d'ail / 1,500 kg de viande d'agneau (désossée et coupée en gros cubes) / 4 cuil. à soupe d'huile / 1 cuil. à café de cannelle en poudre / 1 cuil. à café de gingembre en poudre / 1 dosette de safran / 3 cuil. à soupe de miel d'acacia / 250 g de figues sèches / 50 g de pignons de pin / 2 cuil. à soupe de coriandre ciselée / 1 l de bouillon de viande / Sel fin, poivre noir du moulin.

Prép. : 30 min – Cuiss. : 1 h 15 min — 6 pers.
Trempage : 30 min

Faire tremper les raisins et les abricots dans du thé pendant 30 minutes.

Peler les oignons et les émincer en fines lamelles. Peler les gousses d'ail et les ciseler finement.

Faire dorer la viande avec les oignons dans l'huile, dans une cocotte, pendant quelques minutes. Ajouter la cannelle, le gingembre et le safran. Saler et poivrer. Bien mélanger le tout. Arroser de miel et mélanger à nouveau. Mettre ensuite dans la cocotte les raisins et les abricots égouttés, ainsi que les figues et les pignons. Ajouter également la coriandre et l'ail. Mouiller avec le bouillon. Faire cuire, à couvert, au four à 200 °C (th. 6-7) pendant 1 heure.

Rectifier l'assaisonnement si nécessaire. Dresser la préparation dans un plat creux bien chaud, et servir aussitôt.

Tajine aux pommes de terre

2 kg de pommes de terre à chair ferme / 4 gousses d'ail / 1,500 kg de viande d'agneau (désossée et coupée en gros cubes) / 5 cl d'huile d'olive / 2 dosettes de safran / 1,5 cuil. à café de gingembre / 2 citrons confits (p. 10-11) / 300 g d'olives vertes dénoyautées / Sel fin, poivre noir du moulin.

Prép. : 30 min – Cuiss. : 1 h 20 min 6 pers.

Éplucher les pommes de terre, les laver et les couper en morceaux. Peler les gousses d'ail et les hacher menu.

Mettre la viande dans une cocotte avec l'huile, le safran et le gingembre. Saler et poivrer. Bien mélanger le tout. Mouiller d'eau à hauteur. Faire cuire, à couvert, sur feu doux, pendant 40 minutes.

Retirer la viande de la cocotte et la réserver. Y mettre les pommes de terre. Couvrir d'eau. Saler et poivrer. Faire cuire à couvert sur feu doux pendant 20 minutes.

Remettre la viande dans la cocotte. Ajouter les citrons confits coupés en quartiers et les olives. Laisser cuire, à découvert, pendant 20 minutes environ – la sauce doit réduire.

Vérifier l'assaisonnement. Dresser la préparation dans un plat creux bien chaud. Servir aussitôt.

Tajine au potiron

3,500 kg de potiron / 2 gousses d'ail / 1,500 kg de viande d'agneau (désossée et coupée en gros cubes) / 1 dosette de safran / 1 cuil. à café de gingembre en poudre / 15 cl d'huile d'olive / 200 g de sucre en poudre / 1 cuil. à café de cannelle en poudre / 30 g de graines de sésame / 100 g d'amandes émondées et dorées à l'huile / Sel fin, poivre noir du moulin.

6 pers. Prép. : 40 min – Cuiss. : 1 h

Retirer l'écorce du potiron et couper sa chair en fines lamelles. Peler les gousses d'ail et les ciseler finement.

Déposer la viande dans une cocotte. Ajouter l'ail, le safran et le gingembre. Saler et poivrer. Arroser avec la moitié de l'huile. Couvrir d'eau froide. Porter à ébullition, puis laisser frémir, à couvert, durant 1 heure.

Pendant ce temps, faire cuire le potiron dans un fond d'eau, à couvert, sur feu doux, pendant 15 minutes. Lorsqu'il se défait complètement, le réduire en purée en l'écrasant à la fourchette. Lui ajouter le reste d'huile, le sucre, la cannelle et une pincée de sel. Laisser cuire pendant quelques minutes, sans cesser de remuer pour éviter que la purée n'attache. Ôter l'huile qui remonte en surface.

Faire dorer les graines de sésame, à sec, à la poêle.

Dresser la viande dans un plat creux bien chaud. Couvrir avec la purée de potiron. Napper avec de la sauce de cuisson de la viande (passée au chinois et réduite). Parsemer d'amandes et de graines de sésame. Servir aussitôt.

Tajine aux topinambours et aux olives

2 kg de topinambours / 100 g d'oignons / 1,500 kg de viande d'agneau (désossée et coupée en gros cubes) / 5 cuil. à soupe d'huile d'olive / 2 dosettes de safran / 1,5 cuil. à café de gingembre / 2 citrons confits (p. 10-11) / 300 g d'olives vertes dénoyautées / Le jus de 1 citron / Sel fin, poivre noir du moulin.

Prép. : 1 h – Cuiss. : 1 h 30 min 6 pers.

Éplucher les topinambours, les laver et les couper en deux. Peler les oignons et les ciseler très finement.

Mettre la viande dans une cocotte avec l'huile, le safran et le gingembre. Saler et poivrer. Bien mélanger le tout. Mouiller d'eau à hauteur. Faire cuire, à couvert, sur feu doux, pendant 40 minutes.

Retirer la viande de la cocotte et la réserver. Y mettre les topinambours. Couvrir d'eau. Saler et poivrer. Faire cuire, à couvert, sur feu doux, pendant 30 minutes.

Remettre la viande dans la cocotte. Ajouter les citrons confits coupés en quartiers, les oignons et les olives. Arroser avec le jus de citron. Laisser cuire, à découvert, pendant 20 minutes environ – la sauce doit réduire.

Vérifier l'assaisonnement. Dresser la préparation dans un plat creux bien chaud. Servir aussitôt.

Lorsqu'on fait attendre les topinambours épluchés, les faire tremper dans de l'eau vinaigrée pour éviter qu'ils ne noircissent.

Tajine printanière au riz

500 g de carottes / 500 g de navets / 500 g de haricots verts / 3 oignons / 3 gousses d'ail / 1,500 kg de viande d'agneau (désossée et coupée en gros cubes) / 5 cuil. à soupe d'huile / 1 bouquet garni / 200 g d'amandes mondées / 1 dosette de safran / Le jus de 1,5 citron / 300 g de riz à grain long / Sel fin, poivre noir du moulin.

6 pers. Prép. : 30 min – Cuiss. : 1 h 30 min

Peler les carottes et les navets, puis les couper en morceaux. Effiler les haricots verts. Peler les oignons et les émincer en fines lamelles. Peler les gousses d'ail et les ciseler finement.

Faire dorer la viande dans l'huile dans une cocotte pendant quelques minutes. La retirer et la réserver. Dans la même graisse, faire fondre les oignons, pendant 5 minutes, en veillant à ce qu'ils ne prennent pas couleur.

Remettre la viande dans la cocotte. Ajouter l'ail, le bouquet garni et les amandes. Saler et poivrer. Couvrir de 1,5 l d'eau bouillante. Faire cuire, à couvert, au four à 200 °C (th. 6-7) pendant 30 minutes.

Ajouter les carottes, les navets et les haricots verts au contenu de la cocotte. Poursuivre la cuisson pendant 30 minutes.

Retirer la viande et les légumes, les dresser sur un plat de service creux, et les réserver au chaud.

Retirer le bouquet garni. Ajouter au jus de cuisson de la préparation le safran et le jus de citron ; rectifier l'assaisonnement si nécessaire. Y faire cuire le riz, sur feu doux, pendant une vingtaine de minutes — le liquide doit être complètement absorbé.

Servir la préparation, le riz étant présenté à part.

Tajine aux pruneaux, aux amandes et au miel

4 oignons / 1,500 kg de viande d'agneau (désossée et coupée en gros cubes) / 7 cuil. à soupe d'huile d'olive / 1 dosette de safran / 1 cuil. à café de cannelle en poudre / 600 g de pruneaux de gros calibre (dénoyautés) / 4 cuil. à soupe de miel / 200 g d'amandes entières émondées / 30 g de graines de sésame / Sel fin, poivre noir du moulin.

Prép. : 30 min – Cuiss. : 1 h 25 min — 6 pers.
Trempage : 30 min

Peler les oignons et les émincer finement.

Faire dorer la viande avec les oignons dans 5 cuillerées à soupe d'huile dans une cocotte pendant quelques minutes. Ajouter ensuite le safran et la cannelle. Saler et poivrer. Bien mélanger le tout. Mouiller d'eau à hauteur. Porter à ébullition, puis laisser frémir, à couvert, pendant 1 heure.

Ajouter les pruneaux au contenu de la cocotte. Arroser de miel. Mélanger. Poursuivre la cuisson, sur feu doux, pendant 20 minutes.

Faire dorer les amandes à l'huile.

Rectifier l'assaisonnement si nécessaire. Dresser la préparation dans un plat creux bien chaud. Parsemer d'amandes. Saupoudrer de sésame. Servir aussitôt.

Tajine de légumes nouveaux à la coriandre

400 g de pommes de terre nouvelles / 400 g de petites carottes nouvelles / 400 g de petits navets nouveaux / 500 g de petites fèves / 2 bulbes de fenouil / 6 fonds d'artichaut frais / 2 oignons / 2 gousses d'ail / 4 cuil. à soupe d'huile d'olive / 1 cuil. à café de cumin en poudre / 2 cuil. à soupe de coriandre ciselée / 3 brins de coriandre / Sel fin, poivre noir du moulin.

OOOO XXX Prép. : 40 min – Cuiss. : 40 min 6 pers.

Éplucher les pommes de terre et les laver. Peler les carottes et les navets ; les couper en morceaux s'ils sont gros. Écosser les fèves. Éplucher les bulbes de fenouil et les tailler en dés. Parer les fonds d'artichaut et les couper en quatre. Peler les oignons et les gousses d'ail, puis les ciseler finement.

Dans une cocotte, faire fondre les oignons dans l'huile pendant 5 minutes, en veillant à ce qu'ils ne prennent pas couleur. Ajouter les fonds d'artichaut et le fenouil. Bien mélanger. Laisser revenir pendant 5 minutes. Ajouter alors les carottes, les navets, les fèves et l'ail. Mélanger. Ajouter enfin le cumin et la coriandre ciselée. Saler et poivrer. Mélanger à nouveau. Mouiller avec 25 cl d'eau. Laisser cuire, à couvert, sur feu doux, pendant 30 minutes.

Rectifier l'assaisonnement, si nécessaire. Dresser la préparation dans un plat creux bien chaud. Décorer avec des brins de coriandre. Servir aussitôt.

Ce tajine peut aussi être consommé froid.

Tajine de « santé »

6 navets fanes / 9 pommes de terre nouvelles / 3 bulbes de fenouil / 3 courgettes / 400 g de pois gourmands / 400 g de brocoli / 1 oignon / 4 gousses d'ail / 30 cl de bouillon de légumes / Quatre-épices / Sel fin, poivre noir du moulin.

○○○**O** ✕✕ Prép. : 40 min – Cuiss. : 1 h 6 pers.

Éplucher les différents légumes et les couper en morceaux. Peler l'oignon et les gousses d'ail, puis les ciseler finement.

Déposer le tout dans une cocotte. Mouiller avec le bouillon. Aromatiser avec 1 cuillerée à café et demie de quatre-épices. Saler et poivrer. Laisser cuire, à couvert, sur feu doux, pendant 1 heure.

Rectifier l'assaisonnement si nécessaire. Dresser la préparation dans un plat creux bien chaud. Servir aussitôt.

Tajine de bettes au riz

1,500 kg de bettes / 2 oignons / 5 cuil. à soupe de coriandre ciselée / 12 cl d'huile d'olive / 1 cuil. à café et demie de paprika doux / 150 g de riz à grain long / Sel fin, poivre noir du moulin.

○○○**O** ✕✕ Prép. : 30 min – Cuiss. : 1 h 6 pers.

Éplucher les bettes ; ciseler finement les feuilles et les côtes. Peler les oignons et les hacher.

Mettre les bettes dans une cocotte avec les oignons et la coriandre. Mélanger. Arroser d'huile. Saupoudrer de paprika. Saler et poivrer. Mélanger à nouveau. Mouiller avec 20 cl d'eau. Faire cuire, à couvert, au four à 180 °C (th. 6) pendant 40 minutes.

Ajouter le riz au contenu de la cocotte. Ajouter un peu d'eau si nécessaire. Poursuivre la cuisson, à couvert, au four, pendant une vingtaine de minutes — le riz doit avoir absorbé tout le liquide de cuisson.

Dresser la préparation dans un plat creux bien chaud. Servir aussitôt.

Tajine de carottes

1,500 kg de carottes / 5 oignons / 3 gousses d'ail / 3 cuil. à soupe de coriandre ciselée / 3 cuil. à soupe de persil plat ciselé / 1 cuil. à café de gingembre en poudre / 1 dosette de safran / Deux pincées de cumin en poudre / Deux pincées de paprika doux / 5 cuil. à soupe d'huile d'olive / 200 g d'olives noires dénoyautées / Sel fin, poivre noir du moulin.

6 pers. Prép. : 30 min – Cuiss. : 1 h

Peler les carottes et les émincer en rondelles. Peler les oignons et les couper en lamelles. Peler les gousses d'ail et les ciseler finement.

Déposer les carottes dans une cocotte. Ajouter les oignons et l'ail, puis la coriandre et le persil. Aromatiser avec le gingembre, le safran, le cumin et le paprika. Saler et poivrer. Arroser d'huile d'olive. Bien mélanger le tout. Mouiller avec 50 cl d'eau. Faire cuire, à couvert, sur feu doux, pendant 45 minutes.

Ajouter les olives au contenu de la cocotte. Poursuivre la cuisson pendant 15 minutes.

Rectifier l'assaisonnement si nécessaire. Dresser la préparation dans un plat creux bien chaud. Servir aussitôt.

Tajine de fèves

2 kg de fèves / 3 gousses d'ail / 1 petit bouquet de coriandre fraîche / 1 cuil. à café de cumin en poudre / 1 cuil. à café de paprika / Piment de Cayenne / 1 cuil. à soupe d'huile d'olive / Sel fin, poivre noir du moulin.

Prép. : 50 min – Cuiss. : 45 min 6 pers.

Écosser les fèves et retirer le germe de chacune d'elles. Peler les gousses d'ail et les hacher. Effeuiller et ciseler la coriandre.

Porter 1,5 à 2 l d'eau à ébullition, dans un faitout — lorsque les fèves y seront plongées, elles devront être couvertes. Aromatiser l'eau avec l'ail, la coriandre, le cumin, le paprika et une pincée de piment de Cayenne. Saler et poivrer. Ajouter l'huile. Enfin, mettre les fèves dans le faitout. Laisser frémir, à découvert, jusqu'à ce que la sauce ait réduit des deux tiers.

Rectifier l'assaisonnement si nécessaire. Dresser la préparation dans un plat creux bien chaud. Servir aussitôt.

Tajine de pois chiches au piment

900 g de pois chiches / 6 gousses d'ail / 1 piment rouge sec / 2 cuil. à café de cumin en poudre / 1,5 cuil. à café de paprika doux / 1/2 boîte de concentré de tomates / 3 cuil. à soupe d'huile d'olive / Sel fin, poivre noir du moulin.

6 pers. Prép. : 20 min – Cuiss. : 1 h 30 min
Trempage : 12 h

Faire tremper les pois chiches dans de l'eau pendant 12 heures.

Peler les gousses d'ail et les écraser. Hacher finement le piment.

Mélanger dans une cocotte l'ail, le cumin et le paprika. Ajouter sel et poivre. Incorporer le concentré de tomates (délayé dans 1 cuillerée à soupe d'eau) et le piment. Arroser avec l'huile. Mouiller avec 15 cl d'eau. Bien mélanger. Faire cuire, sur feu doux, pendant 15 minutes.

Ajouter les pois chiches égouttés au contenu de la cocotte. Les couvrir de 50 cl d'eau. Porter à ébullition, puis laisser cuire, sur feu doux, pendant 1 heure 15 minutes au moins.

Vérifier l'assaisonnement et faire réduire la sauce sur feu vif si nécessaire. Dresser la préparation dans un plat creux bien chaud. Servir aussitôt.

Cette recette algérienne (tadjin h'missa) peut être réalisée avec des dés de tomates fraîches à la place du concentré de tomates.

TABLE DES RECETTES

Recettes de base

Poissons

Volailles

Bœuf

Veau

Dépôt légal 3e trim. 2004 n° 2 822

Imprimé en U.E.